Du terrorisme abrutissant de divers mythes
bien-pensants.

DU MÊME AUTEUR :

• *Manifeste pour le salut de la vraie Droite*, Éditions Vincent Reynouard, 2002 (en collaboration avec Vincent REYNOUARD).

• *L'Universalité du danger gnostique, vrai ou faux ?*, Éditions Vincent Reynouard, 2004.

• *Réflexions sur le nationalisme : En relisant 'Doctrines du nationalisme' de Jacques Ploncard d'Assac*, Samizdat Publications, 2005/Reconquista Press, 2019 (enrichi d'une préface d'Yvan BENEDETTI).

• *Antidote : Pour une pensée libérée de la tyrannie judéo-maçonnique* (préface de Jérôme BOURBON), Reconquista Press, 2018.

• *Abécédaire mal-pensant : Manuel de combat du traditionalisme révolutionnaire*, Reconquista Press, 2019.

• *Une réponse nationaliste au mondialisme : Doctrine élémentaire du bien commun*, Reconquista Press, 2020.

• *Idées portraiturées et fantaisies quodlibétales*, Éditions Chrysalide, 2023.

• *Citations choisies et fantaisies quodlibétales*, Éditions Chrysalide, 2023.

• *Doctrine du Fascisme Catholique, en abrégé*, Éditions Chrysalide, 2023.

signés Joseph MÉREL :

• *Fascisme et Monarchie : Essai de conciliation du point de vue catholique*, (préface de Claude ROUSSEAU), Éditions Vincent Reynouard, 2001/Reconquista Press, 2018.

• *Nihilisme, subjectivisme et décadence* (2 tomes), Samizdat, 2009.

• *Présentation de l'institut Charlemagne sous le patronage de l'archange saint Michel*, Éditions Dominique Martin Morin, 2016.

• *Pour une contre-révolution révolutionnaire*, Reconquista Press, 2017.

• *Désir de Dieu et organicité politique*, Reconquista Press, 2019.

• *Paganisme versus catholicisme : Le conflit non surmonté du nationalisme*, Reconquista Press, 2020.

• *Comme un agneau muet…*, Reconquista Press, 2021.

• *Pour un fascisme du jour d'après*, Éditions Chrysalide, 2022.

• *L'Essence de Dieu est-elle seulement d'exister ?*, Éditions Chrysalide, 2022.

Collaboration aux ouvrages :

• *Serviam : La Pensée politique d'Adrien Arcand* (Anthologie), Reconquista Press, 2017. (Essai)

• MISCIATTELLI (Piero), *Le Fascisme et les Catholiques*, Reconquista Press, 2018. (Postface)

Sous le pseudonyme de STEPINAC :

• *De quelques problèmes politico-religieux contemporains*, Samizdat, 2011.

• *Du problème du rapport entre nature et grâce dans le thomisme et le néo-thomisme, et de ses enjeux politiques contemporains*, Samizdat, 2011.

• *Éléments de philosophie politique* (préface de Claude ROUSSEAU), Éditions Franques, 2013.

• *Politique et Religion, Immanence et Transcendance : Amour difficile et mariage de raison*, Reconquista Press, 2021.

Jean-Jacques STORMAY

Du terrorisme abrutissant
de divers mythes bien-pensants.

Tiré à part des chapitres 6 à 8 de
Doctrine du Fascisme Catholique, en abrégé.

Éditions Chrysalide

CHAPITRE I

Le merveilleux chrétien s'empare du drapeau.

§ **30**. Il reste à dénoncer ce qui, telle une viscosité mortifère sous des aspects pimpants et pieux, empuantit la raison politique droitière d'obédience catholique et compromet sans retour toute tentative de réaction effective, c'est-à-dire révolutionnaire, à l'entropie mondialiste ; nous voulons parler des coquecigrues surnaturalistes qui peuplent l'imaginaire « chrétien » de l'âme française réfugiée dans ses délires, effet rageur d'une présomption impuissante qui fait sourire, puis déconcerte, agace et scandalise les catholiques non français, non sans décrédibiliser la cause du catholicisme lui-même. Il est vraiment pénible qu'on ait à dire ces choses en des termes si désobligeants, mais le durcissement des points de vue des uns et des autres est devenu tel qu'il n'est plus possible de s'exprimer sur la question autrement qu'en ces formes brutales dont les ténors du surnaturalisme politique usent sans vergogne pour faire taire, avec une arrogance révoltante, ceux qui timidement, et courtoisement, s'autorisent à exprimer leurs réserves[1]. Il sévit aujourd'hui une insupportable police surnaturaliste chauvine, en version judéomorphe, de la pensée catholique traditionaliste

---

[1] Ceux qui, dans les années soixante du XXème siècle, ont su transmettre aux générations plus récentes les trésors de la Tradition catholique afin de conjurer les méfaits de Vatican II, font aujourd'hui figure d'Anciens et de pionniers auxquels sont dus respect et reconnaissance. C'est aussi des milieux dont ils procédaient eux-mêmes que viennent ces idées incapacitantes que nous dénonçons ici. Être fidèle à la mémoire des Anciens ne consiste pas à épouser servilement ce qu'il pouvait y avoir de contingent et de contestable dans leur héritage.

française, qui appelle une réponse aussi brutale de la part de ses victimes si ces dernières entendent n'être pas étouffées par la tyrannie caporaliste et bavarde des ténors du providentialisme « apparitionniste ». Nous procéderons en plusieurs temps, en commençant par rappeler, dans le spicilège qui suit, diverses informations non accompagnées de beaucoup de commentaires, parce qu'elles parlent d'elles-mêmes.

§ **31.** Sur le site *viveleroy.net*, on trouve les informations suivantes, fort instructives pour notre propos, publiées le 24 juillet 2021 :

Emblème du national-catholicisme, le drapeau bleu-blanc-rouge frappé du Sacré-Cœur consacre le mariage contre-nature des catholiques avec la Révolution. Au même titre que la croyance en une bonne assemblée délibérante, le drapeau national ainsi baptisé, relève du vieux mythe de la <u>bonne république chez les catholiques</u>. Dans un article du *Figaro* daté du 4 mai 1918, le cardinal Billot — grand théologien dont on connaît l'orthodoxie et l'antilibéralisme combatif — revient sur ces assemblages artificiels d'éléments aussi opposés qu'il qualifie de « *chimères* », autrement dit, si l'on se réfère au dictionnaire : de monstres, d'idées fausses, de produits d'une vaine imagination.

Né le 12 janvier 1846 à Sierck-les-Bains, Louis Billot est un théologien et jésuite français. Ordonné prêtre le 22 mai 1869, il enseigne l'Écriture sainte à Laval, puis la Théologie dogmatique à Angers et plus tard au scolasticat de Jersey. En 1885, il est appelé par Léon XIII pour enseigner à l'Université grégorienne. Il est nommé, par saint Pie X, consulteur au Saint-Office et est réputé pour avoir grandement participé à la rédaction de l'encyclique *Pascendi* qui condamne le modernisme. Il est créé cardinal au consistoire du 27 novembre 1911. Il devient président de l'Académie pontificale Saint-Thomas d'Aquin et membre de la Commission biblique pontificale.

Les traités de théologie qu'il a publiés entre 1892 et 1912 le font considérer comme un des plus grands théologiens de son époque. C'est un rude ennemi du libéralisme, du modernisme et du Sillon. Il est extrêmement réservé quant à l'Action catholique.

En désaccord avec Pie XI au moment de la condamnation de l'Action française, il est reçu en audience par le pape le 13 septembre 1927, une audience dont il ressort... sans son chapeau de cardinal. Redevenu simple jésuite, il meurt à Rome le 18 décembre 1931 et est enterré au cimetière de Campo Verano.

Le 4 mai 1918, il intervient, grâce à une lettre au *Figaro*, dans la « campagne » qui fait alors rage et qui vise à « *obtenir des pouvoirs publics l'adjonction de l'image du Sacré-Cœur au drapeau français* ».

[Voici l'introduction rédigée par un journaliste du Figaro à la lettre du cardinal] :

On se rappelle la campagne, fort peu sage en vérité, dont un groupe de catholiques prirent, au cours de la guerre, l'initiative, et le mouvement, vite arrêté, qui s'ensuivit dans le dessein d'obtenir des pouvoirs publics l'adjonction de l'image du Sacré-Cœur au drapeau français. **Cette campagne, que notre épiscopat se garda d'encourager, que plusieurs évêques condamnèrent même publiquement, et que le *Saint-Siège* déconseilla par des instructions envoyées aux cardinaux de France**, instructions qui ne furent pas publiées en leur texte, mais dont il me fut permis de produire une exacte analyse, cette campagne, dis-je, quelques-uns songeraient à la reprendre comme si Dieu avait mis vraiment au salut de notre pays une condition que tout esprit bien équilibré jugera, quoique par ailleurs il en pense, impossible à réaliser. Toujours est-il, que beaucoup de nos généraux — sans parler des démarches tentées à maintes reprises auprès des personnages politiques les plus divers, voire les plus hauts placés — reçoivent depuis quelque temps des lettres où on les avertit charitablement qu'ils perdront leur peine aussi longtemps que cette condition n'aura pas été remplie. Et les requérants s'appuient sur les « révélations » de Mlle Claire Ferchaud, dont le cas est présentement soumis à l'examen d'une commission nommée par l'évêque de Poitiers ; et les « révélations » de cette voyante — il ne s'agit de contester ni sa bonne foi, ni sa piété — se raccordent à un prétendu message que le Sacré-Cœur aurait chargé la bienheureuse Marguerite Marie de transmettre à Louis XIV, qui, d'ailleurs ne le reçut jamais. Or, voici que le cardinal Billot, dans une lettre dont je tiens à grand honneur de pouvoir donner la primeur aux lecteurs du *Figaro*, vient de prendre position fort nettement contre la campagne dont je viens de parler. Le cardinal Billot, jésuite français résidant à Rome, jouit, comme théologien, d'une très grande autorité. En outre, il est renommé dans le monde entier pour le radicalisme de son intransigeance doctrinale. Personne assurément ne sera tenté d'attribuer son attitude — toute pareille en l'occurrence à celle des libéraux — à je ne sais quelle complaisance pour les faiblesses de la société moderne.

[Voici donc la reproduction de la lettre du cardinal Billot au Figaro] :

« Rome, 23 mars. Bien cher Monsieur, **Vous me demandez mon avis sur les *prétendues promesses* d'après lesquelles la grandeur matérielle de la France serait la consécration de la réalisation littérale du désir exprimé à la bienheureuse Marguerite-Marie :** « *que l'image du Sacré-Cœur soit officiellement gravée sur les armes, peinte sur les drapeaux, etc.* » Tout d'abord, une question préalable. **Les révélations de la bienheureuse Marguerite-Marie concernant** la France, ou **plutôt le roi de France Louis XIV** (car c'est lui que nous voyons constamment nommé dans les quatre lettres à la mère de Saumaise et au P. Croiset qui sont les seuls documents sur lesquels on s'appuie) **ces révélations, dis-je, viennent-elles véritablement de Dieu ? »**

[Dans une note du *Figaro,* le cardinal Billot fait remarquer ici fort à propos que **« *l'Église, en canonisant ses saints, ne se porte jamais garante de l'origine divine de leurs révélations* »**, et que, de plus, **« *il y a toujours place, en quelque hypothèse que ce soit, pour un mélange inconscient de ce qui vient de l'esprit propre avec ce qui est l'esprit de Dieu* »**].

« On serait fondé à en douter quand on met en regard, d'un côté, l'orgueil de Louis XIV, son insatiable ambition, ses guerres de conquête, son attitude si hautaine et si insolente vis-à-vis du Saint Siège, son rôle dans l'éclosion de la grande erreur gallicane dont il fut le premier auteur et le principal inspirateur etc.[2] et, de l'autre, des phrases comme celle-ci :

« Fais savoir au Fils aîné de mon Sacré-Cœur que mon cœur veut régner dans son palais, être peint sur ses étendards et gravé dans ses armes pour les rendre victorieuses de ses ennemis, en abattant ces têtes orgueilleuses et superbes, pour le rendre triomphant de tous les ennemis de la Sainte Église ».

Ne croirait-on pas qu'il s'agit d'un Charlemagne ou d'un Saint Louis, et que **les ennemis du grand roi étaient précisément ceux du royaume de Dieu** ? Et n'y a-t-il pas quelque chose de bien étrange dans cette idée du Sacré-Cœur abattant les têtes orgueilleuses et superbes au pied d'un homme plus superbe et plus orgueilleux encore ? »

Mais venons-en, ajoute le rédacteur de l'article, à ce qu'il y a de capital dans la lettre du cardinal Billot. J'entends son opinion non plus sur l'authenticité, mais sur la substance du fameux « message » du Sacré-Cœur à Louis XIV. [Voici la suite de la lettre du cardinal] :

« Parmi les demandes que le message contenait, il en est une surtout, celle que vous marquez expressément, qui passe de bien loin tout ce qu'il semblerait permis de rêver. Car il faudrait un changement si radical dans l'assiette et les conditions générales de la Société française que l'esprit en demeure interdit. Je sais que rien n'est impossible à Dieu, mais nous n'en sommes pas, en ce moment, à estimer ce que Dieu peut de sa puissance absolue.

---

2 Ici, les rédacteurs du site « viveleroy » font la remarque suivante, qui selon nous n'affaiblit nullement la pertinence du diagnostic sévère du cardinal Billot : « Si nous admettons volontiers que Louis XIV ne saurait représenter un modèle d'humilité, nous n'adhérons pas cependant à la *légende noire* que le XIXe siècle en a brossé et dont le cardinal Billot est, comme tous ses contemporains, intoxiqué. Les travaux universitaires de ces dernières décennies — comme ceux d'un François Bluche, et tout récemment d'un Alexandre Maral (avec son livre *Le Roi-Soleil et Dieu. Essai sur la religion de Louis XIV*) — mettent en pièces bien des préjugés sur ce grand roi ».

Nous devons considérer qu'il y a une certaine économie de la Providence actuelle dont Dieu, autant que nous pouvons en juger par l'histoire, entend ne pas sortir, et que le miracle requis pour un drapeau national, au vingtième siècle, portant dans ses plis l'image du Sacré-Cœur, autrement dit, **le miracle d'un pays aussi profondément divisé que le nôtre, surtout sur la question religieuse, aussi pourri de libéralisme, aussi féru de l'idée révolutionnaire, venant à accepter dans son ensemble, une pareille alliance de la politique et de la religion dans ce qu'elle a de plus intime et de plus délicat, non, encore une fois, ce miracle-là n'aurait d'analogue en rien dans ce qui s'est jamais vu depuis que le monde est monde, depuis qu'il se fait des miracles sous le soleil, depuis qu'il y a des hommes sujets au gouvernement divin sur la terre.**

Je n'ai pas le temps de dire ici tout ce qui me vient à l'esprit. J'ajoute seulement que **l'idée d'un drapeau national portant l'image du Sacré-Cœur ne me semble pas même une idée acceptable en soi**, pour la bonne raison que le drapeau national n'est pas seulement un drapeau de paix, mais qu'il est aussi un drapeau de guerre. Et pourquoi les Allemands, par exemple, ne se croiraient-ils pas en droit de mettre sur leur drapeau ce que nous mettons sur le nôtre ? Et voilà ce cœur adorable où tous les hommes doivent s'unir dans l'étreinte d'une commune charité, conduisant les Français à l'égorgement des Allemands, et les Allemands à l'égorgement des Français ; est-ce convenable ?

Nous dirons encore un mot des promesses. **J'ai crié gare à je ne sais quelle nouvelle forme de millénarisme sur la pente duquel nous mettent ces assurances de triomphe sur nos ennemis et sur ceux de la Sainte Église, ce pouvoir d'abattre à nos pieds ces têtes superbes et orgueilleuses des grands, ces abondantes bénédictions sur toutes nos entreprises, etc. En vérité, ce n'est pas ce que semblent nous promettre les leçons du passé.** Ce n'est pas ce que le Sacré-Cœur réservait à Louis XVI, à Garcia Moreno, aux héroïques Vendéens de la Rochejacquelin, de Charette, de Lescure, d'Elbée, de

Cathelineau. Enfin, **nous ne sommes plus des Juifs d'ancien Testament. Chimères ! chimères ! chimères qui ont le grand tort de donner le change sur une dévotion admirable, tout entière orientée vers l'acquisition et l'union des vertus surnaturelles et *vitam venturi sæculi*.** Voilà, bien cher Monsieur, en abrégé, ce que je pense de la question que vous me posez. N'ayant pas le loisir de développer davantage ces quelques idées, je vous prie d'agréer l'hommage du respect avec lequel j'aime à me dire.

Votre très humble et très dévoué serviteur,

Cardinal Billot ».

[Voici la conclusion du *Figaro*, signée par Julien de Narfon] :

Est-ce que la cause n'est pas désormais entendue ? Je crois qu'elle l'est. Le cardinal Billot aura rendu, par ce lumineux et ferme appel au bon sens, le plus signalé service à l'Église de France que telles extravagances d'un mysticisme dévoyé finiraient par exposer à de graves périls.

§ **32.** Le cardinal Billot fut l'un des rédacteurs de l'encyclique « Pascendi » de saint Pie X. Il serait donc difficile de lui reprocher de manquer d'esprit surnaturel ou de cultiver une secrète tendance moderniste ou sceptique au détriment de l'intégrité de la foi. **Cet éminent théologien conteste jusqu'à l'authenticité de la demande, faite par NSJC à Marguerite-Marie Alacoque, de placer le Sacré-Cœur sur le drapeau de Louis XIV.** Qu'on lise ce texte attentivement. On comprendra sans peine que les idées de « France fille aînée de l'Église », de « tribu de Juda du Nouveau Testament », y sont implicitement condamnées, et que même l'authenticité du « testament » de saint Remi doit être remise en cause (au moins dans sa version « résumée » très librement dans l'intention de lui conférer l'autorité d'un témoignage traditionnel, confer notre § 36). Cette sensibilité judéomorphe et surnaturaliste est peut-être la cause principale de l'impuissance de notre camp à se relever intellectuellement et politiquement, parce qu'elle paralyse ses velléités de lucidité, de réalisme, de rationalité et tout simplement de bon sens politiques. On ne peut pas être organiciste, ainsi fasciste, et attaché à l'idée de « France fille aînée ».

§ 33. Dans « Le vrai visage de Luther » (Clovis 2017 p. 48), l'abbé Jean-Michel Gleize rappelle que, selon Luther, l'institution de la papauté et le siège de Rome seraient l'antéchrist dans l'Église. L'abbé fait observer ceci : que cette formule ait été forgée et ressassée par Luther doit inviter à une certaine prudence dans son usage. Il ajoute :

« C'est pourquoi l'Église s'est toujours montrée réservée à l'égard du Grand secret de Mélanie, la voyante de La Salette. Cette réserve est devenue nécessaire à cause de l'expression mise dans la bouche de la très sainte Vierge : 'Rome perdra la foi et deviendra le siège de l'antéchrist'. Prise en toute rigueur de termes, une telle proposition ne peut manquer de paraître au moins téméraire et injurieuse dans sa deuxième partie ; quant à sa première partie, l'ambiguïté est encore plus grave puisque, prise au pied de la lettre, comme si elle désignait non la personne mais l'institution, cette affirmation est rien de moins qu'hérétique <en effet : les portes de l'enfer ne prévaudront pas contre elle>. Même si les événements de la fin du XXème siècle autorisent, jusqu'à un certain point et toutes proportions gardées, l'usage de l'expression, il n'en reste pas moins vrai que les avertissements du Ciel doivent rester indemnes de la moindre équivoque pour pouvoir se présenter avec toutes les garanties d'authenticité. On comprend pourquoi Rome n'a pas voulu autoriser la publication de ce texte en lui donnant le feu vert d'un *nihil obstat* canonique ; et il faut bien reconnaître que le jugement du Père Poulain, dans son traité de théologie mystique (*Les grâces d'oraison*, chapitre 22, § 36), demeure l'expression même du bon sens. Le **cardinal Billot était encore plus sévère, mais non moins juste**. Pour mieux saisir le bien-fondé de cette sévérité, il n'est pas inutile de comparer l'expression de

La Salette avec celle de Fatima : « Le Saint Père aura beaucoup à souffrir ». Évidemment, le recours à un tel euphémisme évite de porter un quelconque préjudice à l'institution divine, et rien ne vient choquer notre instinct de la foi : nous pouvons ici respirer à l'aise, dans un climat parfaitement catholique. La formule de La Salette est peut-être plus forte, mais elle manque de la suavité requise. Bien entendu, ce n'est pas exactement la manière de Luther, mais ce n'est pas non plus celle du Saint-Esprit. Dans le sermon des sacres du 30 juin 1988, Mgr Lefebvre cite cette prophétie de La Salette, mais il évite de mentionner l'expression que Mélanie attribue à la sainte Vierge. Il se contente de dire : 'La Sainte Vierge a annoncé comme une éclipse à Rome, une éclipse de la foi '. Parler ainsi est beaucoup plus sage et doit nous servir d'exemple ».

§ **33.** Les catholiques français aspirent tous à l'instauration d'une société vraiment chrétienne, pour la gloire de Dieu et pour le salut des hommes. Mais la tendance est forte, presque invincible, à prendre pour modèle de référence cette période de l'histoire qui vit fleurir des monarchies catholiques ; la tendance est non moins forte, pour penser une société catholique, à s'en remettre à l'ordre strictement surnaturel en désertant le chantier de la recherche intellectuelle, ce qui se traduit par une tendance à en appeler toujours à ce que l'on croit être les prescriptions de l'Église, et qui trop souvent sont celles des hommes d'Église investis très prosaïquement dans les affaires du monde. « La fin ultime est le salut, l'Église est l'arche qui nous mène au salut, la foi est un absolu et la simple raison est faible, servons d'abord l'Église qui est Jésus répandu et communiqué, tout instaurer dans le Christ revient à tout fonder sur l'Église et sur ses prêtres ; en politique, le modèle est l'âge médiéval, etc. ». **Mais la bonne volonté, qui invite le croyant à vouloir, comme on dit trivialement, « tout penser et tout faire tout bien », et les évidences réconfortantes qui dispensent de penser, ne suffisent pas ; l'enfer est pavé de bonnes intentions.** La chose peut être illustrée par le développement suivant :

La Charbonnerie et le Risorgimento, d'inspiration maçonnique, ont supprimé les États pontificaux. « Donc », déclare-t-on un peu vite, les ennemis de mes amis étant mes ennemis, la donation de Constantin ne serait pas un faux et les États pontificaux devraient être restaurés.

Pourtant c'est le souci désordonné de ces États qui, comme le rappelle l'abbé Gleize (op. cité), permit l'expansion du protestantisme, et avec lui de l'esprit démocratique et de la révolution jacobine. Léon X voulait appuyer François Ier contre Charles Ier d'Espagne et de Naples (futur Charles-Quint), qui menaçait les territoires du pape. Léon X (Jean de Médicis, fils de Laurent le Magnifique) appuie alors Frédéric de Saxe qu'il veut utiliser contre Charles-Quint. Or **Frédéric de Saxe était protecteur de Luther, d'où une coupable lenteur dans la réaction contre l'hérésie ; il fallut trois ans au pape pour faire condamner Luther, dont les erreurs étaient trop répandues pour être rattrapées**. Adrien VI succède à Léon X, Charles-Quint sera couronné par Clément VII (Jules de Médicis, cousin de Léon X) en 1530, mais le pape lui sera quand même hostile puisqu'il organisera la ligue de Cognac. François Ier complotait depuis Pavie (1525) avec Soliman (amant de l'esclave grec Ibrahim, et père de Selim l'Ivrogne) ; Clément sera acquis à François Ier qui trahira ses engagements de 1526 lors de la paix de Madrid ; Clément VII trahira aussi Charles-Quint, d'où le sac de Rome du connétable de Bourbon en 1527, regrettable mais en dernier ressort humainement compréhensible. Michel Géoris (*Charles-Quint*, France-Empire 1999) écrit page 125 que la croisade contre les Infidèles aurait pu réussir si le camp chrétien s'était montré solidaire. « Le roi de France François Ier et le pape Paul III (Alexandre Farnèse, élu en 1534) portent là une lourde responsabilité ».

Cela donne une idée de la valeur d'un attachement inconditionnel au pouvoir temporel du pape, attachement supposé être inspiré par un attachement à l'Église. Cela éclaire aussi l'idée de « France fille aînée de l'Église », qu'on brandit contre les germanophiles, alors que cette formule vient d'Ozanam qui la transmit à Lacordaire, tous deux républicains, quand ce sont les catholiques royalistes qui sont les plus inconditionnels partisans de cette thèse ; on voulait que la France restât celle du roi très chrétien, mais sans roi, alors on a fait de la France la nation peuple élu, « tribu de Juda du Nouveau Testament ». Et saint Pie X l'a cru…, à moins que ses propos sur ce sujet n'aient jamais relevé que de la rhétorique ecclésiastique en étant inspirés par les circonstances.

§ **34.** Dans le journal « Lecture et Tradition » (n° 71, mars 2017), l'historien Patrick Demouy, professeur d'université, catholique et monarchiste légitimiste complètement gagné à l'idée de « France fille aînée », déclare néanmoins page 3 :

« J'ai consacré, dans cet ouvrage[3], un chapitre à la Sainte Ampoule, ou plus exactement au mystère de la Sainte Ampoule. Les textes sont extrêmement discrets jusqu'au XIIème** siècle sur cette relique. Comme vous le soulignez, je ne suis pas un mécréant *mais je peux difficilement souscrire à l'hypothèse d'un miracle dans la mesure où il n'y a pas de documents qui peuvent l'attester.* La Sainte Ampoule apparaît dans les textes à partir du IX**ème** siècle et est surtout mise en exergue au XII**ème** ».**

Cet historien ne croit pas au miracle de la Sainte Ampoule, mais seulement à l'existence de cette fiole associée à la mémoire de saint Remi, remplie d'aromates à l'odeur suave et apportée à la cathédrale pour la consécration du roi, de génération en génération. L'importance de la Sainte Ampoule, explique-t-il, était de montrer la continuité royale, l'enracinement de la royauté française dans la mémoire du baptême de Clovis.

§ **35.** Dans le prolongement de notre § 33, il nous semble nécessaire d'évoquer La Salette et Mélanie Calvat, qui était naundorffiste, ce qui ne plaide pas en faveur de son sérieux et de son équilibre. Sur ce sujet, nous présenterons ici quelques notes tirées de l'audition d'une conférence consacrée à la

---

[3] *Le Sacre du Roi*, Éditions La Nuée Bleue, Strasbourg, 2016.

mythologisation de la mission divine de la France (par Théodon, *Radio Regina*, sur Youtube) :

Le marquis de la Franquerie était camérier <dignitaire ecclésiastique attaché à la personne du pape> secret de cape et d'épée ; il a rencontré Pie XII rarement et jamais de manière intime ; il s'appelait en vérité André Lesage (1901-1992)[4]. Il collabora à la RISS de Mgr Jouin ; il était maurrassien, ainsi furieusement germanophobe. Ses thèses principales sont les suivantes : naundorffiste (survie de Louis XVII), il se voulait légitimiste ; il existerait une Mission divine de la France fondée sur l'authenticité supposée du « Testament de saint Remi » ; les rois de France auraient accompli des miracles (guérison des écrouelles) ; bien entendu, il serait sacrilège de douter du « miracle » de la « **sainte Ampoule** »[5] ; il faudrait prendre au sérieux l'idée de pacte de Tolbiac, et celle du grand pape et grand monarque chargés d'assurer l'hégémonie de la France sur le monde ; la mission divine du peuple juif aurait été dévolue par transfert à la France, avec toutes les grâces et toutes les prérogatives des Juifs, ce qui fait, au passage, que l'Église ne serait plus l'héritière des Juifs puisque c'est la France qui est supposée l'être.

Il n'existe en vérité aucun acte du magistère sur cette question, et son silence a valeur d'enseignement.

Selon Lesage, les rois de France seraient descendants du roi David (ainsi des rois de Juda, avec parenté avec NSJC et Notre

---

[4] Voir aussi : Yves Chiron, *André Lesage, dit « Marquis de la Franquerie »*, lettre ALETHEIA, n°234 du 20 juillet 2015 accessible sur academia.edu.

[5] **Hincmar archevêque de Reims**, IXème siècle, discours prononcé lors du sacre de Charles II le Chauve, 869, Metz, roi de Lotharingie. Histoire intégrée à sa vie de saint Remi. Jean Devisse, « Hincmar archevêque de Reims » 1976, déclare : « Dieu seul fait le roi avec l'aide visible de l'office sacerdotal ». Il suffit de penser aux évangiles : l'Esprit de Dieu descend sur NSJC lors de son baptême sous la forme d'une colombe, et de même le Saint-Esprit serait descendu sur Clovis en apportant la Sainte Ampoule… Les tenants de ces thèses ajoutent que le Pape est vicaire du Christ, donc que le pouvoir politique viendrait du pape, d'où Boniface VIII et *Unam sanctam*, doctrine surnaturaliste et théocratique des Deux Glaives…

Dame) : les juifs engendreraient les Troyens qui engendreraient les Mérovingiens qui engendreraient les Capétiens ; Léon Bloy (cet excité farci de gnose et d'ésotérisme, attaché à la thèse de l'apocatastase) et Mélanie Calvat étaient naundorffistes. La restauration ayant été décevante, on cherchait à rêver d'une autre restauration qui serait divine. En fait les maires du palais, futurs carolingiens, étaient des Belges. Lesage était disciple revendiqué de Barthélémy Holzhäuser fondateur des Barthélémites (l'antéchrist devait mourir en 1911, naître en 1855 et vivre 666 mois), et de Nostradamus. Lesage reprend la thèse « France fille aînée de l'Église » lancée par Ozanam, libéral et républicain, en 1836. Cette thèse fut reprise par Henri-Dominique Lacordaire en 1841 ; on substitue ainsi la nation à la monarchie parce qu'on est en République. Saint Pie X reprend certes ces formules, mais c'est à l'occasion de la remise de barrettes (chapeau des ecclésiastiques) aux cardinaux français en 1911, peu après 1905 ; il s'agissait de relancer l'espérance catholique en France. Dans le même ordre d'idée, Jean-Paul II, lors de sa visite en France, dira : « France fille aînée de l'Église, qu'as-tu fait de ton baptême ? ». Saint Pie X dira aussi : « j'ai pour les Belges une affection spéciale et une admiration, elle est ' la seule nation que l'on puisse dire vraiment catholique' » ; ces formules relèvent de la rhétorique ecclésiastique appliquée à la diplomatie. Il y eut une grande influence de Lesage sur Jean Vaquié. Henri Lesage se voulait le chantre du grand pape et du grand monarque et Holzhäuzer était son prophète inspiré. Cette prophétie fondée sur l'Ancien Testament détourne — l'abbé Zins (pourtant sédévacantiste) l'a montré — le vrai sens de la Bible : les rois bibliques évoqués concernent NSJC et non le « grand monarque » français, lamentable avatar du Messiah et du Madhi ; telle est la vraie interprétation, proposée par toute la Tradition et les Pères de l'Église.

CHAPITRE II

Mission divine de la nation.

§ 36. Considérons à présent le point de vue de Louis Lallement, auteur de « La Mission de la France » (École nationale des Cadres d'Uriage, page 8, ouvrage sans date d'édition visible) :

« Selon une de nos plus anciennes traditions, il <saint Remi> aurait alors annoncé : **'que le royaume de France était prédestiné par Dieu à la défense de la véritable Église du Christ. Que ce royaume serait un jour grand entre tous les royaumes de la terre, embrasserait les limites de l'Empire romain, et soumettrait tous les autres royaumes à son sceptre. Qu'il durerait jusqu'à la fin des temps. Qu'il serait victorieux et prospère tant qu'il resterait fidèle à la foi chrétienne, mais serait durement châtié chaque fois qu'il serait infidèle à sa vocation** ».

Et Louis Lallement d'ajouter dans une note : « C'est en ces termes que l'on a souvent résumé, librement, mais selon l'esprit de la tradition, les textes d'Hincmar (*Vita Sancti Remigi*, cap. XXXVI) et de Flodoard (*Historia Ecclesiae Remensis*, Lit. I, cap. XIII) qui ont recueilli au IXème siècle le souvenir de cette investiture, et les 'testaments' attribués à saint Remi ».

Ce même Lallement, page 46, déclare :

« Car l'Europe entière accepta aussi passionnément l'hégémonie culturelle de la France qu'elle en avait repoussé la domination politique, rêvée par Louis XIV. Et cet exemple historique a valeur de loi, car **la première seule est impliquée dans la mission de la France** ».

Si la seule hégémonie culturelle est dans la vocation de la France, c'est que les autres royaumes n'ont pas à être soumis au sceptre français victorieux (donc dominant par les armes) de ses ennemis, comme il l'est pourtant affirmé dans le prétendu testament de saint Remi. De plus, cet aveu d'une hégémonie seulement culturelle est peu compatible avec la prétendue demande de Marguerite-Marie Alacoque de placer le Sacré-Cœur sur les drapeaux de Louis XIV, lequel rêvait bien en effet de soumettre militairement l'Europe. Il y a donc des contradictions dans toutes ces « traditions » farcies de merveilleux judéomorphe et non innocent. Par ailleurs, la France a-t-elle jamais embrassé les limites de l'empire romain, comme l'affirmerait saint Remi ? A-t-elle jamais effectivement soumis tous les autres royaumes à son sceptre ?

C'est à l'Église seule, et non à la France qui, décidément, dans la tête de certains de ses enfants illuminés, souffre d'une pathologique tendance à s'identifier à l'Église, qu'il a été promis que les portes de l'enfer ne prévaudraient pas contre elle et qu'elle durerait jusqu'à la fin du monde. Toutes ces traditions judéomorphes tendent en fait, objectivement aussi bien que subjectivement, à judaïser la France et à judaïser l'Église en substituant la France à l'Église, dans une perspective en effet millénariste, c'est-à-dire hérétique.

Comment prendre de telles affirmations au sérieux ?

Beaucoup plus équilibré, beaucoup plus proche de la vérité nous semble être le jugement suivant du Père Humbert Clérissac, quelque fragilité qu'il puisse par ailleurs manifester — nous le verrons bientôt — à l'égard des sirènes de l'idée de « France peuple élu du Nouveau Testament » : la mission de saint Jeanne d'Arc est (page 10) un « rappel des droits du surnaturel dans les affaires de ce monde, et la délivrance d'Orléans et de la France n'en fut que l'enveloppe circonstancielle et l'illustration » (Première des trois conférences consacrées à Jeanne, datant de 1910 ; « La mission de sainte Jeanne d'Arc », Dismas, 1983). En d'autres termes : la mission de sainte Jeanne d'Arc était de rappeler aux princes, dans les formes contingentes de l'organisation et des institutions politiques de son temps, le devoir de subordination du Politique à l'Église, au nom de la royauté éternelle de Dieu. Dans le même esprit éloigné de toute propension au merveilleux onirique, il rappelle que le sacre n'est pas le constitutif formel de la légitimité : l'onction royale présuppose et ne crée pas le droit royal ; elle n'est pas le signe de la légitimité comme elle l'était dans la théocratie de l'Ancien Testament (p. 39).

§ **37.** Au temps où, jeune père de famille pénétré d'une révérence pusillanime pour l'habit religieux, Tartempion fréquentait diverses écoles et paroisses traditionalistes, il ne lui fut pas rare de vivre les événements suivants.

Lors d'une réunion de parents d'élèves dans une institution de jeunes filles toutes parées de foulards Hermès arborant des fleurs de lys, les demoiselles pensionnaires avaient été invitées à organiser un spectacle inspiré de l'histoire de France, au cours duquel elles ne cessèrent d'évoquer « cette crapule de Charles-Quint ». Tartempion s'en ouvrit auprès de Mère Générale qui lui signifia très clairement, en reconnaissant que la chose n'était pas de dogme, qu'elle et sa congrégation, de formation furieusement maurrassienne, adoptaient les positions du marquis de la Franquerie, avec l'idée de transfert de tous les privilèges de l'ancien Israël à la France, et en dernier ressort avec l'idée de fin de l'histoire en forme de réhabilitation des juifs appelés, après leur conversion, à diriger les peuples catholiques et toute l'Église ; telle est leur manière de comprendre l'affirmation des « dons sans repentance ». Dans la perspective de cette sainte femme, il est évident qu'il y a identité stricte entre « nouveau peuple élu » et « Tribu de Juda du Nouveau Testament ». Tartempion se souvient encore des propos d'un (trop) médiatiques curé de Saint-Nicolas du Chardonnet, dévot revendiqué du marquis de la Franquerie et de la thèse de la « France fille aînée de l'Église » ; ce curé, issu d'une famille de gaullistes, faisait l'apologie des « résistants » français insurgés contre la « barbarie nazie ». Il est clair que dans son esprit, au reste fort logiquement, si la France est peuple élu de Dieu nonobstant ses infidélités, Dieu la soutient quoi qu'il arrive et ne permet pas qu'elle passe sous le joug de l'Étranger teuton. C'est pourquoi les maurrassiens et autres catholiques français fidèles à la doctrine de la « France fille aînée », ont choisi l'Angleterre contre l'Allemagne, ont par là ont opté objectivement, et subjectivement sans vergogne, pour Staline et Roosevelt. C'est ainsi, qu'on s'en réjouisse ou non. Une telle engeance patriotiquement judéomorphe est au reste fermée à l'idée selon laquelle le salut politique pourrait aujourd'hui venir d'ailleurs que du petit marigot français ranci dans ses légendes d'apparence pieuse et en vérité lourdes de prétentions orgueilleuses aussi échevelées qu'irréalistes.

Dans les versions accessibles du supposé « testament de saint Remi », il est question de race royale, celle qui concerne le roi des Francs et sa descendance, « race que j'ai baptisée » ; les malédictions portent sur cette seule « race royale » que saint Remi destine en dernier ressort à être « séparée de l'Église » si elle persiste dans l'erreur. Il n'est pas question dans ce « testament » de la France ni de la « fille aînée de l'Église », mais seulement de dynastie franque ; on sait au reste la différence considérable qui peut exister entre le royaume franc et la France réfléchie par le penseur de Martigues. Et l'authenticité de ce « testament » n'est pas vraiment attestée. Quand on connaît la propension des ecclésiastiques de ce temps à fabriquer des faux (« Donation de Constantin », « Décrétales ») pour faire valoir ce qu'ils croyaient être leur bon droit, on peut raisonnablement douter de l'authenticité de ce document, sans compter qu'il convient de distinguer entre ce qui relève de la déclaration univoque et ce qui relève du style hyperbolique et des formules de circonstance. **Ce qui est certain, c'est que la France n'a jamais vraiment accepté la création du Saint-Empire, a toujours été en rivalité avec lui pour revendiquer l'héritage de Rome** (la papauté a créé le Saint-Empire héritier de Rome, mais elle a aussi, avec Clovis, lancé ce qui finirait en partie par devenir la France, puis elle s'est toujours débrouillée ensuite pour les maintenir en rivalité afin de ne dépendre d'aucun des deux, selon l'art de diviser pour régner) ; la France a soutenu les Mahométans contre les armées catholiques, a financé le protestantisme en Allemagne, a soutenu une politique gallicane continue. En fait de vocation religieuse, la France ne peut prétendre au rang de modèle. C'est par Grégoire de Tours que se diffuse l'idée de vocation divine de la France ; cet historien prétend que des anges auraient annoncé la naissance de Clovis, que les victoires de ce dernier seraient dues à saint Martin ; le mythe des origines troyennes des Francs (puis des Gaulois…) date de la compilation (chronique) de Frédégaire (ou pseudo-Frédégaire, ce nom recouvrant probablement l'identité de trois auteurs) au VIIème siècle, postérieur à Grégoire (VIème siècle) ; cette compilation contient un résumé des livres I à IV de *l'Histoire des Francs* de Grégoire ; on est en droit de se demander si ce mythe n'est pas lui-même issu de Grégoire de Tours. Le peu de crédit que l'on peut accorder à cette thèse farfelue invite à remettre en cause le sérieux de ce qu'il raconte à propos de la mission divine de la France. Par ailleurs, supposé que le « testament » de saint Remi soit historiquement recevable, il faut noter qu'il prévoit que le rejeton de cette « race » serait exclu de l'Église s'il persistait dans son infidélité à sa supposée vocation. Qu'est-ce à dire, sinon qu'un jour viendrait où la France (à laquelle ceux qui revendiquent l'héritage de saint Remi identifient la dynastie des Mérovingiens) cesserait d'être dépositaire d'une mission dont elle se serait révélée indigne ? Car enfin, peut-on conserver une vocation divine, ainsi catholique, si l'on est excommunié ? Et si saint Remi envisage cette issue en forme d'échec, ses déclarations sur la destinée des rois à s'asseoir sur le trône de David ne relèvent-elles pas plus du souhait que d'une vertu prophétique assurée ? Le mythe de l'origine troyenne des Francs puis des Gaulois a tenu pendant plus de mille ans, soutenu par les rois et les clercs, adopté par le peuple parce que tout le monde avait intérêt à y croire du fait du besoin d'inventer cette nation qu'est la France, nation en gestation, hantée par le souci de se conférer une identité originale. Ce n'était pourtant qu'un mythe, on le sait aujourd'hui avec certitude. Pourquoi devrait-il en être autrement pour la Sainte Ampoule et la mission divine de la France ? La Franquerie s'est contenté d'ajouter au mythe troyen l'idée de l'origine juive des Troyens, afin de relier les Mérovingiens aux Juifs, dans le but de faire la liaison entre royauté française et ce trône de David sur lequel devraient s'asseoir Clovis et sa descendance. Est-il déraisonnable de soupçonner ces histoires d'être le fruit d'un goût pour le merveilleux fondé sur de « pieux » mensonges ?

La Sainte Ampoule, c'est, nous semble-t-il, un peu comme les chambres à gaz ; cela relève de la croyance aveugle[6]. Du

---

[6] « Parmi les très nombreuses publications qui ont marqué ce XVe centenaire <baptême de Clovis>, aucune, pratiquement, n'a maintenu la croyance au miracle de la Sainte Ampoule et au sacre de Clovis qui en aurait été le motif le plus vraisemblable. Chez certains auteurs, cette élimination provient d'un *a priori* résolu sur une possibilité d'intervention surnaturelle dans l'histoire ; chez d'autres, elle est seulement l'aboutissement d'une critique historique honnête et rigoureuse. La Sainte Ampoule et le Sacre de Clovis, en cette fin d'année <1996>, sembleraient définitivement relégués parmi les pieuses légendes. Le rêve secret subsiste cependant dans plus d'un cœur chrétien que quelque découverte ou même quelque miracle parvienne à replacer dans l'histoire ce que le mythe a saisi. Rêve bien innocent <en fait, il ne l'est pas du tout…> que les savants sauront tolérer, avec un sourire indulgent, chez le menu peuple » <et dans l'esprit des romantiques lettrés fanatisés par leurs tripes chauvines, selon une pathologie surnaturaliste contre laquelle leurs diplômes ne les immunisent nullement> (abbé Régis de Cacqueray, LE SEL DE LA TERRE n° 23, hiver 1997-1998, pp. 23 à 32, « De la nature théologique du sacre des rois de France »). Ajoutons néanmoins ceci aux rappels intéressants formulés par cet abbé :
Que le sacre du roi lui confère une participation à la royauté du Christ (plus précisément : une participation au ministère de l'évêque lui-même participant de la royauté du Christ) et habilite ce roi temporel à recevoir des grâces d'état pour disposer temporellement son ou ses peuples à poursuivre leur fin surnaturelle, cela ne signifie pas que le constitutif formel de la légitimité politique serait le sacre et donc que le pape posséderait primitivement les deux glaives. Cela signifie que le roi se dépossède volontairement — ainsi librement — d'une prérogative religieuse (pontife de la religion naturelle) qui, de droit naturel, eût été sienne en état non historique de pure nature, laquelle prérogative, en régime historique de chute et de rachat, est obsolète puisqu'elle

VIIème siècle et jusqu'au-delà de Boniface VIII, les papes ont cru, avec plus ou moins d'aplomb (certains doutaient et n'avançaient pas l'argument), à l'authenticité de la « Donation de Constantin » dont ils faisaient mémoire pour faire avancer leurs intérêts temporels. Un tel consensus ne les empêchait pas de se tromper. Pourquoi n'en serait-il pas de même pour la Sainte Ampoule, la « mission divine » de la France « tribu de Juda du Nouveau Testament » ?

§ **38.** Revenons sur la notion de « Providence », afin de montrer plus clairement le lien infrangible entre l'idée de « tribu de Juda du NT » (France entendue comme « fille aînée de l'Église », choisie pour une « mission divine ») d'une part, et

---

est assumée par l'Église. En se dépossédant d'une prérogative dont il reconnaît l'obsolescence, le roi sacré, comme personnification du peuple, fait publiquement profession de catholicité, et c'est la nation qui, en et par lui, se dit catholique ; ce sont non seulement les individus qui matériellement constituent la nation, mais c'est encore la nation elle-même en tant que totalité qui le déclare : le Christ règne sur les sociétés et non seulement sur les individus qu'elles enveloppent ; de plus, le roi obtient en retour des grâces particulières pour viser le bien commun politique — ainsi naturel — selon une intention qui excède l'ordre politique lui-même ; mais ce n'est pas cette intention qui fonde ontologiquement sa légitimité d'opérateur et de gardien de l'ordre naturel.

De même qu'un médecin est en droit (sinon en fait) perfectionné jusque dans l'exercice de son art par sa foi catholique qui lui donne de saisir les fruits de son art dans la perspective d'un au-delà (spirituel) de cet art (ordonné au bien du corps), de même un chef d'État est, en droit, d'autant mieux ordonné au bien commun qu'il est plus catholique, et sous ce rapport il est en demeure de souscrire à la cérémonie du sacre quand cette dernière est possible. Mais la catholicité du médecin ne le dispense pas de faire des études de médecine, et son baptême ne lui confère pas son art et sa science de médecin ; et de surcroît un bon médecin non catholique est plus utile, en tant que médecin, qu'un mauvais médecin catholique. De même, la catholicité du chef d'État ne le dispense pas de posséder sur le plan naturel des vertus de chef d'État que sa catholicité peut parfaire mais qu'elle présuppose et ne crée pas ; et de plus un bon chef d'État non explicitement catholique sert mieux le bien commun temporel — et avec lui le service de la recherche du souverain bien — qu'un bon catholique qui serait mauvais chef d'État. L'unique constitutif formel de la légitimité du chef d'État est son aptitude à réaliser le bien commun temporel.

« peuple élu » d'autre part. D'une certaine façon, tout est providentiel puisque tout est dirigé infailliblement par Dieu. Mais le mot revêt un sens plus restreint et plus fréquent. Par exemple, se casser une jambe et être hospitalisé dans un lieu où il rencontrera son épouse, ou la bonne âme qui le convertira, peut bien être tenu, par celui qui vit un tel événement, pour l'effet d'une intervention providentielle. Le bénéficiaire d'une telle intervention n'est pas pour autant un « élu », un objet irrévocable de prédilections divines. On qualifie de providentiel un événement qui s'est révélé a **posteriori** bénéfique. Clovis avait pour ennemis les Alamans et les Wisigoths, il avait besoin du soutien de l'Église pour les infiltrer et les vaincre ; l'Église avait besoin de Clovis pour écraser l'arianisme. Ce mariage d'intérêts a été bénéfique a posteriori pour l'Église et pour ce qui serait la France, et donc il peut être qualifié de providentiel. **Mais, parce que la qualification de « providentiel » est conditionnée par le résultat, le caractère providentiel est ôté quand le résultat n'est pas là** ; si donc le qualificatif doit être maintenu même quand le résultat fait défaut, si donc le peuple objet d'un choix providentiel reste chéri de Dieu nonobstant son infidélité, c'est que ce peuple est **non seulement instrument providentiel mais encore peuple élu**. La France a failli depuis longtemps à sa tâche de soutien de l'Église ; donc, si elle est supposée rester « fille aînée » et « tribu de Juda du Nouveau Testament », c'est qu'elle est nouveau peuple élu, héritier de l'Ancien Israël. **Et cela même est théologiquement irrecevable, comme le rappelait le cardinal Billot. Il n'y a plus de peuple élu, fors celui des baptisés.** Le peuple juif fut forgé par l'art divin pour préfigurer l'Église et préparer l'avènement du Christ dont l'irruption rend ipso facto dénuée de sens — aussi bien de direction, ou de finalité, que de signification — l'idée même d'élection d'une nation.

Paul Valéry a écrit que la particularité de la France, c'est son sens de l'universel. Par la diversité de ses paysages, par sa position géographique en Europe, par la pluralité de ses peuples (cependant tous d'origine indo-européenne, au moins jusqu'au XIXème siècle) constitutifs, le peuple français développe un goût pour l'équilibre et la mesure, l'unité dans la diversité, qui l'habilite à nourrir et à déployer un sens unique de l'universel. Ce sens de l'universel fait des Français les nouveaux Hellènes ; il les approprie tout particulièrement à la tâche intellectuelle de l'intelligence de la foi. De plus, dans sa lutte contre les excès du césarisme germanique, la France, non sans y voir son propre intérêt stratégique lourd d'ambitions inavouées, a été désignée par le Saint-Siège, pendant longtemps, comme la nation providentiellement chargée de défendre la liberté de l'Église contre les empiètements politiques des Princes. Mais cela relève des circonstances, des hasards de l'Histoire, de l'entrechoquement des libertés et des ambitions fort prosaïques. Point n'est besoin d'aller chercher des raisons surnaturelles à ce qui peut s'expliquer naturellement. Toutes ces thèses supposées fonder l'idée de mission divine de la France relèvent en leur fond du surnaturalisme. On doit croire à tout ce qu'enseigne l'Église, sans condition aucune quand elle engage son infaillibilité, et l'on doit recevoir avec respect — mais sans éclipse de l'esprit critique — tout ce qu'elle enseigne en dehors des formes de l'infaillibilité. Nous ne sachons pas que l'Église ait jamais enseigné quoi que ce soit dogmatiquement sur la « mission divine de la France ». Les amateurs de révélations privées n'ont pas le droit de nous accuser de mauvaise foi et de nous imposer leurs croyances comme des dogmes.

§ **39.** Prolongeons notre succincte enquête relativement à cet indigeste fatras de légendes inspirées — « France nouveau peuple élu, France fille aînée de l'Église, France tribu de Juda du Nouveau testament, origines davidiques des rois de France, France peuple troyen, France du Grand Roi et du Grand Monarque, France salut du monde, 'miracle' de Tolbiac et 'miracle' de la Sainte Ampoule » (la liste est probablement incomplète,…) — en évoquant l'ouvrage du Père Clérissac, déjà cité ici. La prose d'un tel auteur qui fait siennes presque toutes les légendes qui viennent d'être évoquées, a pour mérite de nous restituer la manière dont on passe insensiblement de la mémoire historique réelle à la fiction et au mythe, à la sédimentation de prétentions chauvines crispées sur leurs formulations caporalistes.

Le Père Clérissac rappelle la déclaration de Jeanne à Charles VII : « vous serez lieutenant du roi des cieux qui est roi de France », et il l'interprète dans le sens suivant : vous serez feudataire de Dieu *en vertu de la prédestination providentielle de la France*, fief de NSJC parce que *l'huile de la Sainte Ampoule a consacré les rois* (p. 51). « (…) Si tous les pouvoirs terrestres sont également subordonnés au Droit divin, cependant Dieu a pu vouloir prélever sur l'un ou l'autre des peuples chrétiens un tribut spécial <un « peuple élu » se doit d'être « spécial »…> de dévouement et de services, et le distinguer entre les autres par une véritable prédilection. Cette intention de la Providence divine, qui semble si évidente dans l'histoire, appelons-la tout de suite par son nom, c'est l'idée impériale, l'Impérialisme divin » (p. 54). Dieu semble ainsi faire l'essai, nous explique cet auteur (p. 56), de l'Empire pour Sa gloire ; la paix d'Auguste protège l'Incarnation, la naissance et l'Epiphanie de Son Fils. Saint Paul affirme que c'est l'Empire qui retient l'Antéchrist impatient de se produire contre l'Église naissante ; avec Constantin le rôle de l'Empire devient conscient et public ; mais se produit l'effacement de l'Empire avec l'assaut des Barbares ; l'auteur diagnostique à ce sujet le « **premier échec de la Politique divine** ». Mais la conversion de Clovis signe la « **deuxième étape de l'impérialisme divin** », de sorte que Charlemagne représente l'apogée de la politique divine, les Francs ayant été « *élus* » pour la mission impériale tombée en déshérence en Occident depuis les fils de Constantin. Cela dit, (p. 58) on assiste bientôt au « **deuxième échec de l'impérialisme divin** » avec la faiblesse des successeurs de Charlemagne, Charles le Gros ayant été déposé en 887, ce qui laisse la couronne impériale suspendue sur la tête de princes italiens, et ce qui amène la période allemande de l'Empire avec Othon le Grand sacré en 962 et ses successeurs (dont saint Henri II) qui furent effectivement protecteurs de l'Église. Notre auteur ne se fait pas faute d'observer, sans souci de dénoncer corrélativement les abus de pouvoir temporel tombé entre les mains de divers papes, que la suzeraineté des empereurs allemands sur les autres princes chrétiens devint l'objet d'ambitions sans service profitable pour l'Église, ce qui constitua un **troisième échec de la Politique divine**. Dès lors, le Père Clérissac peut emboucher la trompette favorite des nationalistes français gagnés à la cause judéomorphe du thème de la « France peuple élu » : il observe (p. 58) que s'opère une « nouvelle courbure rentrante » de la Politique divine, au XIIIème siècle, avec notre saint Louis, chef temporel, selon notre auteur, de la Chrétienté, par le rayonnement intellectuel de Paris sa capitale. C'est alors, nous apprend-il, que la France serait ici **désignée une troisième fois aux prédilections de l'Église,** après Clovis et Charlemagne : « **On dirait (pp. 59-60) que, lassée des échecs de son plan impérial, la Politique divine ne veut plus désormais se reposer que sur le génie de cette race si apparentée avec le génie de l'Église elle-même** ». Pas moins… Autant dire que Clovis et Charlemagne étaient des Français, mais tout autant que Dieu est de nationalité française et que la France est le peuple de Dieu. C'est bien signifier que la France est intronisée « Israël du Nouveau Testament ». Le Père Clérissac peut dès lors donner libre cours à son lyrisme théologico-politique déployé comme l'effet d'une ivresse sans fin, se nourrissant de ses propres effusions :

« Quand le caractère chrétien de saint Louis se sera aigri ou affadi dans ses successeurs, **la Providence ne se retirera pas de la France**. Ce qu'elle n'a pas fait pour le Saint-Empire, la Providence divine le fera, au XVème siècle, pour la Monarchie Française. Alors, **le signe de la continuité de la prédilection divine pour nous, c'est Jeanne d'Arc qui nous l'apporte** » (p. 61).

« **Ne dirait-on pas que Jeanne d'Arc a pensé au Saint-Empire** (elle avait déclaré à Charles VII que saint Louis et saint

<sic> Charlemagne priaient pour la ville d'Orléans), **et l'a vu réellement continué dans la France chrétienne ? En tout cas, grâce à elle, nous suivons la ligne sinueuse de l'Impérialisme divin à travers l'Histoire, et nous la voyons aboutir encore une fois de notre côté** » (p. 60).

« **Peut-être que la grande idée chrétienne de saint Louis, trop haute même pour les plus grands de ses descendants, est définitivement obscurcie dans l'esprit de la France. Mais son cœur du moins garde toute sa vieille fidélité pour longtemps ; et ni la Providence, ni l'Église ne se décourageront de l'aimer. A son tour, le Sauveur lui révélera et lui donnera son Sacré-Cœur, pour être — ce fut son expresse volonté — l'attribut national de la France** » (p. 61-62).

« **L'empreinte de sa prédestination a passé de sa vie politique dans son âme, mais elle y est resplendissante et ineffaçable** <faut-il y voir un *caractère*?! >. C'est que la prédilection divine lui a conféré plus qu'un droit d'aînesse. La prédilection divine, et aussi celle de l'Église, là où elle se repose, crée une réalité nouvelle de valeur et de bien, c'est un amour efficient qui affecte un homme et un peuple au plus profond de lui-même, ne dirige pas seulement le cours extrême de sa destinée, mais gouverne le ressort profond de cette destinée, qui est l'âme, et surtout place ses intérêts et sa vie dans une plus étroite dépendance des intérêts et de la vie de l'Église du Christ. Voilà le vrai privilège de la France, et qui, depuis Jeanne d'Arc, dure encore aujourd'hui » <nous sommes en 1910, mais cela vaudra dans l'esprit de l'auteur même pour 2023, 2033 et jusqu'à la Parousie, ce qui est la moindre des choses puisque — nous l'avons compris —, Dieu est Français>

§ **40. 1.** A la lecture de cette série d'affirmations enflammées, il est aisé de s'apercevoir que leur auteur commence par tenir pour acquis ce que l'histoire est supposée établir, puis, au moyen de cette clé d'intelligibilité forgée pour les besoins de la cause, interprète l'histoire en fonction de ce qu'il veut lui faire démontrer. Ce qui est tout simplement une pétition de principe inspirée par une passion qui, pour pieuse qu'elle soit, n'en demeure pas moins partisane.

La démarche du Père Clérissac, qui forme comme un modèle de nationalisme à prétention théologique, par là un presque paradigme de cette sensibilité de chauvins surnaturalistes tenant en France le haut du pavé dans le landerneau catholique de droite, n'a de sens que si sont tenues pour acquises certaines thèses qui pourtant demeurent objectivement problématiques, pour ne pas dire douteuses. Pour passer, en effet, de l'idée somme toute assez ordinaire d'événement providentiel — au sens où nous l'entendons ici dans notre § 38 —, à celle de peuple élu, c'est-à-dire de peuple qui conserverait des privilèges et une vocation particulière prédéterminée indépendamment de résultats constatables de ses supposés pouvoirs de promouvoir la vérité naturelle et surnaturelle et d'instaurer l'ordre des choses dans l'organisation des peuples, il faut que soient acquises les idées suivantes :

Doit être prise pour argent comptant la version du testament de saint Remi telle qu'elle est ici exposée dans notre § 36, en dépit du fait que, de l'aveu même de Louis Lallement, il ne s'agirait là que d'un « résumé libre ». Aucun historien n'a jamais pu étayer cette version par quelque document scientifiquement recevable que ce soit.

Doit être acceptée l'idée selon laquelle Clovis et Charlemagne pourraient être tenus pour des Français, comme si l'identité française existait déjà à cette époque ; ce qui évidemment est intenable.

Il faut que le message de Marguerite-Marie Alacoque concernant la demande à Louis XIV de faire figurer le Sacré-Cœur sur les drapeaux du roi soit un message authentique, ce qui s'est révélé contestable même au regard du cardinal Billot. Dans le sillage de cette affaire, il faut être assuré que la demande de Claire Ferchaud a été réellement inspirée par l'Esprit-Saint, ce que l'on a de bonnes raisons de remettre en cause ; en plus de l'hostilité du cardinal Billot à cette cause pour les raisons qui ont été rappelées («nous ne sommes plus des juifs d'Ancien Testament ! », l'idée même de faire figurer le Sacré-Cœur sur un drapeau national est inacceptable en soi), on doit tenir compte du fait que cette même cause fut désavouée par un décret du Saint-Office du 12 mars 1920 (acte confirmé le 7 décembre 1925, qui interdit à Claire Ferchaud de fonder un ordre religieux) ; dans ses *Notes autobiographiques* (t. II, Téqui 1974), la voyante déclare : « Oh ! La France ! Comme elle sera belle un jour ! Non Satan aura beau faire, jamais la France ne lui appartiendra ». Pour le moins, cette « prophétie » n'est pas réalisée aujourd'hui et ne semble pas près de l'être, qui semble révéler une tendance à prendre ses désirs pour des réalités. La « Jeanne d'Arc de la Grande Guerre » était monarchiste, antirépublicaine, très hostile à la maçonnerie et antisémite, et par tous ces caractères elle ne peut, à bon droit, que séduire les antimodernistes et Réprouvés de toutes obédiences. Mais elle entendait, comme tous les surnaturalistes chauvins, sous l'effet des pulsions malsaines d'une convoitise judéomorphe refoulée, doter sa patrie de tous les attributs et privilèges des Hébreux de l'Ancien Testament. Ceux qui partagent ses légitimes aversions pour le monde moderne embrassent alors, sans discernement, ses dilections faisandées objectivement intenables, et déconsidèrent ainsi leur propre cause, pour le plus grand profit de leurs ennemis. On est en droit de se demander si l'« Affaire Ferchaud » n'est pas un montage destiné à faire se fourvoyer la Tradition catholique antimoderniste, ainsi pleinement catholique, afin de la ridiculiser et de l'affaiblir. Ce qui s'appelle être victime d'une ruse vraiment maligne que les dénonciateurs patentés des manœuvres de Satan dans l'Histoire auraient dû déjouer si la passion de l'orgueil impuissant ne les avait aveuglés et ne continue à le faire, prolongeant, ce faisant, la paralysie de toute entreprise vraiment audacieuse et efficace d'inversion du processus de décadence que nous subissons de plein fouet. Nous reviendrons sur ce sujet après en avoir fini avec les présents §§ 40.

§ **40. 2.** Le nationalisme à prétention théologique du Père Clérissac n'a de sens que si la Sainte Ampoule est un miracle attesté, ce que même les historiens gagnés à la conception surnaturaliste de la vocation de la France échouent à prouver, et dont ils échouent à se persuader.

Il est difficile, ici, de ne pas céder au désir d'évoquer Paul Valéry (*de l'Histoire,* dans *Regard sur le monde actuel,* 1931) : « L'histoire est le produit le plus dangereux que la chimie de l'intellect ait élaboré. Ses propriétés sont bien connues. Il fait rêver, il enivre les peuples, leur engendre de faux souvenirs, exagère leurs réflexes, entretient leurs vieilles plaies, les tourmente dans leur repos, les conduit au délire des grandeurs ou à celui de la persécution, et rend les nations amères, superbes, insupportables et vaines. L'histoire justifie ce que l'on veut. Elle n'enseigne rigoureusement rien, car elle contient tout et donne des exemples de tout. Que de livres furent écrits qui se nommaient : 'la leçon de ceci, les enseignements de cela !' Rien de plus ridicule à lire après les événements qui ont suivi les événements que ces livres interprétaient dans le sens de l'avenir ». Ces observations, pour partisanes qu'elles soient elles-mêmes, contiennent cette part de vérité dont nous voudrions ici faire mémoire, et qui est d'autant plus évidente lorsque la passion religieuse se greffe sur la passion historique.

La guerre de 1914, passionnément souhaitée par la France, a rendu possible la mort de l'Europe et la chute du dernier empire catholique d'Occident ; tel est son résultat concret, doublé de la montée de la tenaille américano-soviétique enserrant, tel un python monstrueux, une Europe exsangue. On doit comprendre pourtant, si l'on suit le Père Clérissac, que si le drapeau national devait porter le Sacré-Cœur, c'est que la revendication française devait être tenue pour légitime ; et puisque la guerre de 40 est née des iniquités du Traité de Versailles, ainsi de l'abominable boucherie de 14, terme résiduel de l'hostilité séculaire de la France à l'égard de ce qui pouvait évoquer de près ou de loin le risque d'une reviviscence de suzeraineté du Saint-Empire, c'est que cette prédilection divine pour la France devait se prolonger dans les œuvres de la Résistance et dans l'avènement du général de Gaulle, lequel, au reste, se voulait une nouvelle Jeanne d'Arc. Il y a des nationalistes français monarchistes et des démocrates-chrétiens pour le croire même aujourd'hui... Voilà à quoi mènent les propensions judéomorphes des peuples. Evidemment, la prétention de la France à se soustraire au magistère politique débonnaire du Saint-Empire et à s'y substituer, est interprétée par l'auteur comme une décision de la Providence de relancer son Impérialisme divin par le moyen qui lui serait enfin adéquat, à savoir cette déesse, ce joyau d'intelligence et de vertus que serait la France tenue pour éternelle, à jamais immaculée, chef-d'œuvre de la création.

On ne saurait nier qu'il y ait eu, qu'il subsiste peut-être encore, une intention providentielle possible nourrie par Dieu et par Son Église sur la France, mais cela doit être envisagé à cause d'abord des qualités *naturelles* de la France, et cela doit exclure par principe toute idée de « peuple élu » ; une telle idée est en vérité l'expression d'un orgueil frustré qui en appelle à une élection divine afin de justifier ses prétentions au pouvoir, exactement comme dans le cas des Juifs entretenant pathologiquement des réflexes de « chouchou » de Dieu, se voulant objets d'une dilection particulière non fondée sur la sainteté ou sur des qualités naturelles, qui autorise celui qui s'en prévaut à revendiquer une supériorité sur tous les autres.

La France, par cette folie qui lui fit prolonger ses dons universalistes en revendications hégémoniques politiques et guerrières, est devenue une véritable catin roulée dans tous les vices, fière de sa déchéance après avoir, avec les principes de 89, porté le désordre partout en Europe puis dans le monde, dressant haut l'étendard de la révolte LGTB, qui n'a plus aucun titre à se poser en exemple ; alors elle en appelle à une élection irréversible : « je reste l'élue, la chérie de Dieu, vous verrez, vous verrez, un temps viendra où mes vaticinations se vérifieront, ne comptez que sur cette espérance et ne vous liez à personne d'autre que moi ». Et c'est ainsi qu'on a fait le jeu des intérêts des puissances judéo-bolchevique et judéo-anglo-saxonnes, c'est-à-dire maçonniques. C'est ainsi, tout autant — on le verra bientôt — que ce tropisme surnaturaliste qu'est la lubie théologico-politique de l'« élection » divine de la France contribue beaucoup à déconsidérer le sérieux du combat traditionaliste.

Chapitre III

Le prophétisme anti-boche.

§ **41. 1.** Revenons donc au cas emblématique de Claire Ferchaud dont la légitimité est si liée à celle des thèses de « France fille aînée de l'Église » — avec ses corollaires obligés : origines davidiques des rois de France, France tribu de Juda du Nouveau Testament, miracle de la Sainte Ampoule, France peuple élu, authenticité de la guérison des écrouelles, Francs issus des Troyens, annonces par la voix de la stigmatisée de Blain de la venue d'un Grand Roi et d'un Grand Monarque, etc. — que la déconstruction du mythe « Ferchaud » devrait amener à celle de l'ensemble des éléments constitutifs de la « judéomorphie » française aussi fleurdelisée que l'on voudra. Et cela même serait selon nous un grand bien.

C'est pourquoi nous nous attarderons quelque peu sur l'affaire « Ferchaud ». Notre source est l'ouvrage de Jean-Yves Naour, « Claire Ferchaud » (Hachette 2006). Les fanatiques de la thèse opposée ne manqueront pas de critiquer cet ouvrage et de déclarer tendancieuse sa manière de présenter les choses, mais enfin, si les événements évoqués là sont historiquement exacts, ils suffisent plus qu'amplement à prouver que cette « voyante » est une imposteresse. Nous nous contenterons d'exposer les informations qui étayent notre propos, et qui la plupart du temps parlent d'elles-mêmes.

§ **41. 2.** Le cardinal Baudrillart[7], qui ne crut jamais à la mission divine de la bergère de Loublande, rapporte dans ses *Carnets* (1er août 1914-31 décembre 1918) que Benoît XV avait déclaré (pp. 9 et 152-153 de Le Naour) le 23 mai 1917 que « nul n'a le droit d'accaparer le Sacré-Cœur, qu'il est au-dessus des nations, que l'acte de consécration devrait parler de paix et ne pas insister sur la victoire ». Ce qui vaudrait à Benoît XV le qualificatif de « pape boche ».

§ **41. 3.** Paul Claudel, dans son *Journal* (Le Naour p. 33), écrivit que « dans la grande bataille de la Marne, (…) nous avions à notre gauche saint Geneviève, au centre saint Rémy et à notre droite Jeanne d'Arc ». C'est Paul Claudel qui, effrontément, se permit d'insulter grossièrement (le traitant de nouvel évêque Cauchon) l'admirable cardinal Baudrillart quand ce dernier, proche de la mort, invita en 1942 les catholiques à souhaiter la victoire de la croix gammée et des forces de l'Axe pour le salut de l'Europe, de la civilisation, de la race blanche et de la catholicité. Paul Claudel avait lui aussi des « voix » et des « visions », composant, au gré de l'air du temps, de ses humeurs et de ses intérêts, une ode au maréchal Pétain et une ode à de Gaulle.

§ **41. 4.** Dans le journal *La Croix* (le 8 août 1914), on annonçait que « l'Histoire de France est l'Histoire de Dieu » (Le Naour p. 34), ce qui en dit long sur le degré d'imprégnation,

---

[7] Rappel : « Dieu n'est pas une présence qu'un croyant au moment de quitter la vie puisse envisager légèrement… Je vais paraître devant Lui et toute mon existence va être jugée dans la lumière immédiate de sa Justice… Je vais paraître devant Lui… Et ce n'est pas pour moi le moment d'oublier que la vérité est son essence et de noircir ma pensée et mon âme avec une parole qui nierait cette vérité. Je parle donc selon ma conscience la plus profonde, selon ma conscience purifiée de toute considération humaine, et je déclare que je vois plus clairement que jamais, à cette heure où je vais mourir, que la solution suprême d'une entente, d'un accord total et définitif, avec l'Allemagne, avec la Grande Allemagne européenne de demain, est pour la France l'unique voie de son salut. A gauche et à droite du Rhin, les hommes sont les mêmes enfants de Dieu » (**Cardinal Baudrillart**, « Testament spirituel » (1942), cité par Vincent Reynouard dans « Marie Ponsard, avec Vincent Reynouard », Editions *Sans Concession*, septembre 2019, p. 157).

dans les mentalités catholiques, de l'idée de « France fille aînée de l'Église » et de la manière dont on la recevait ; cette mentalité s'est aujourd'hui réfugiée dans les milieux catholiques traditionalistes.

§ **41. 5.** Claire Ferchaud fit pendant la guerre de 14 la prévision suivante (Le Naour p. 75) : au début de 1918, un roi fera retour à la tête de la France dont la capitale ne sera plus Paris parce que la Ville aura été rasée.

§ **41. 6.** Le chanoine Rosenberg, représentant des catholiques allemands (Le Naour p. 93), dans son *Der Krieg und der Katholizismus* (1915), dénonça légitimement cette France antichrétienne et sectaire, qui mettait en péril l'Église catholique en s'alliant avec les Anglais protestants et les Russes schismatiques, et qui combattait pour les intérêts de la franc-maçonnerie. Ces choses méritaient d'être rappelées parce qu'elles sont vraies, tout simplement, au grand dam des ecclésiastiques français bercés par les sirènes de la « France peuple de Dieu », qui ne cessaient de prétendre que l'Allemagne était seule responsable de la guerre et qu'elle était porteuse des intérêts planétaires de la judéo-maçonnerie. La « victoire » française s'est soldée par un affaiblissement de l'Europe que seule une victoire hitlérienne aurait pu redresser, et par la disparition du dernier empire catholique d'Europe. Et la responsabilité de la guerre incombe à la France qui la voulait passionnément, n'ayant cessé de jeter des braises sur la poudrière des Balkans.

§ **41. 7.** En toute charité, Claire Ferchaud nommait « Boches » ces « mauvais » Français qui tentaient désespérément de faire cesser la boucherie de la Grande Guerre.

§ **41. 8.** Le Naour remarque lui-même p. 120 : « Parce que sa foi se combine au nationalisme, parce qu'elle est persuadée que la France est un nouvel Israël, le pays d'élection de Marie et de son Fils, elle ne peut à aucun moment envisager la défaite de sa patrie ».

§ **41. 9.** Claire Ferchaud déclare le 19 mars 1918 à l'archevêque de Tours (Le Naour p. 120) : « Notre Seigneur aime la France plus que toutes les autres nations. Son cœur ne peut se passer de la France ». Dieu a donc un Fils, mais Il a aussi une Fille…

§ **41. 10.** « Le secrétaire d'État du Vatican, le **cardinal Gasparri**, interrogé par l'archevêque de Paris comme par l'archevêque de Reims, n'a pas caché ses sentiments dans une lettre du 11mai <1917> : rappelant que **l'Église n'a jamais approuvé la révélation de Marguerite-Marie <Alacoque> sur le drapeau du Sacré-Cœur**, il affirme qu'il ne serait pas prudent d'exciter ou de favoriser la confiance des fidèles en ces promesses' » (Le Naour p. 163).

§ **41. 11.** Aux pages 164-165 de son ouvrage, l'auteur (Le Naour) écrit : « la plus polémique des conditions fixées par le Christ à Paray, pour que la France soit soumise à sa volonté, apparaît dans la lettre datée de 1689 qui n'est connue que fort tardivement, en 1867. On ne dispose pas de l'original qui est perdu mais de cinq copies dont trois seulement font mention du passage sur le drapeau.

« *Il désire, **ce me semble**, entrer en pompe et magnificence dans la maison des princes et des rois pour y être honoré autant qu'il a été outragé, méprisé et humilié en sa passion (…) Et voici les paroles que j'entendis au sujet de notre roi : 'Fais savoir au fils aîné de Mon Sacré-Cœur que, comme sa naissance a été obtenue par la dévotion aux mérites de ma Sainte Enfance, de même il obtiendra sa naissance de grâce et de gloire éternelle par la consécration qu'il fera de lui-même à mon cœur adorable qui veut triompher du sien, et par son entremise de celui des grands de la terre. Il veut régner dans son palais, être peint sur ses étendards, et gravé dans ses armes pour les rendre victorieuses de tous ses ennemis, en abattant à ses pieds ces têtes orgueilleuses, pour le rendre triomphant de tous les ennemis de la Sainte Église* ».

Dans leurs reproductions de cette lettre, qui ne figure pas dans le dossier envoyé à Rome en 1828 pour instruire la cause de Marguerite-Marie, les partisans du drapeau du Sacré-Cœur auront une fâcheuse tendance à oublier le 'ce me semble' qui relativise la vision ».

§ **41. 12**. « A ceux qui affirment <en 1917> que le message du Christ à Marguerite-Marie est toujours d'actualité, n'étant pas destiné à Louis XIV en tant que tel mais à la France (...), le Père Ange Le Doté, ancien confesseur du comte de Chambord, répond que la demande de Paray est périmée et va même jusqu'à en contester l'existence » (Le Naour p. 169).

§ **41. 13**. En 1917 et 1918, se posa (Le Naour, p. 170-171) dans diverses revues catholiques la question théologique relativement au message de 1689 : il s'agit « de l'épineux problème de la conciliation d'une grâce nationale, spécifiquement réservée à la France, avec une religion universelle ». L'objection principale est « celle du fétichisme et de la superstition, le signe de Dieu, doté de pouvoirs magiques, passant avant la religion, la prière ou la pénitence ».

§ **41. 14**. Pour les loublandistes et cordicoles, le cardinal Billot, après son intervention au *Figaro* du 4 mai 1918, se serait lui aussi vendu à la franc-maçonnerie.

§ **41. 15**. Achevons cette édifiante série de remarques.

Claire Ferchaud promet l'extermination du genre humain si, à Loublande, son ordre religieux consacré à l'expiation n'est pas fondé (Le Naour p. 181). Elle prétendra en 1927 être une nouvelle Immaculée Conception (p. 223), se dira (p. 243) la troisième folie de Dieu, après la création de l'humanité et le martyre du Christ au Golgotha. « Je ne suis qu'une menteuse. Toute ma vie j'ai trompé. Le diable est sur moi, j'irai en enfer » (Archives privées, témoignage d'Inès Sabran-Pontevès, lettre du 15 juillet 1985 adressée à un prêtre ; Le Naour p. 243). Cet aveu pourrait nous servir de conclusion, mais une anecdote rapportée par l'auteur, page 240, mérite de clore cette enquête.

Claire Ferchaud était antimoderniste et hostile à Vatican II. Il n'en fallut pas plus à Mgr Williamson pour s'inspirer des écrits de la « prophétesse » et annoncer en sermon, le 2 août 1992, à

Saint Nicolas du Chardonnet, l'imminence de la conflagration prochaine : « L'extension des péchés est telle qu'il est possible que la guerre ait lieu avant l'an 2000 ». Il est vrai que Mgr Lefebvre, démarché par des loublandistes, avait célébré la messe à Loublande le 9 août 1969… De telles initiatives d'ecclésiastiques médiatiques ne plaident guère en faveur d'une confiance inconditionnelle à accorder aux responsables actuels de la Tradition catholique, à la pertinence de leurs analyses politiques et à la sûreté de leurs jugements en matière de morale et de philosophie. Jean-Yves Le Naour rappelle au reste, en note, à la page 283 de son livre, que la revue traditionaliste *De Rome et d'ailleurs*, dans sa livraison de février 1993, publia une série de documents inédits contestant la sainteté de la « voyante » de Loublande.

§ **41. 16.** Les informations qui précèdent (à partir de notre § 30) nous disposent à penser qu'une réflexion sur le fascisme catholique doit être accompagnée de la formulation d'un souhait pressant. Il ne semble pas que l'on puisse jamais élaborer la doctrine rationnelle d'un nationalisme pour notre temps sans libérer le nationalisme français de cette propension subjectiviste à confisquer à son profit les secours du Ciel, qui plus est des secours rêvés, fondés sur une représentation providentialiste chimérique, sentimentale et en son fond dogmatiquement dangereuse — voire franchement hérétique — de la Providence. Sans cesser d'être pleinement catholique, le nationalisme doit se débarrasser de ses obsessions chauvines cléricales.

Cette émancipation, condition nécessaire du développement d'une réflexion vraiment cohérente, doit absolument cesser — au rebours des déclarations grotesques attachées au culte de la « France fille aînée » — d'être menée dans une perspective anti-européenne ; la France n'a une vocation — naturelle d'abord et essentiellement — qu'au sein de la Grande Europe et, si son sens de l'universel l'invite à déployer ses dons hors d'Europe, cela ne saurait se faire au détriment du bien commun de l'Europe, une

Europe pleinement européenne et non pas une Europe américaine ou anglo-saxonne, eurasiatique ou euro-africaine.

Pour un nationaliste français, chercher des raisons d'aimer la France dans une vocation surnaturelle qui ferait d'elle un peuple élu, cela revient, au rebours de l'intention de la glorifier en la dotant d'un prix inestimable, à la vider des raisons naturelles que l'on a de la chérir, de la servir et de l'admirer, parce que la démarche surnaturaliste verra, dans cette pseudo-vocation surnaturelle de la France, son essence même, de telle sorte que l'on aura — essence et fin étant convertibles — procédé à une substitution de finalité, oblitérant la finalité réelle naturelle de sa nation. On *appauvrit la France* avec ces sornettes bien-pensantes, loin de servir sa cause, selon la logique surnaturaliste sévissant déjà dans maints autres domaines, qui consiste à penser le rapport de la nature à la grâce sur le mode d'un conflit obligé entre les deux. Quand un peuple a besoin de principes surnaturels de légitimation pour accéder à la conscience et à l'estime de lui-même, c'est que sa vitalité morale, culturelle et ethnique est fort malade, et sous ce rapport il faut bien avouer que la France est malade depuis longtemps. C'est même peut-être une maladie qui lui fut, d'une certaine façon, congénitale, dont elle se tira glorieusement dans ses moments de plus grande vitalité, mais sans jamais en guérir de manière définitive, pour finir par y succomber. En la déconnectant de ce qu'elle croit être son privilège et son incommensurable dignité, le nationaliste « apparitionniste » a le sentiment de vider la France de sa substance ; c'est au contraire moyennant cette déconnection que son pays révélera ses vertus de manière désormais exacte et réaliste, sa vraie vocation dans le concert des nations ; par suite, la France saura discipliner ses efforts de reconquête d'elle-même, ainsi unifier des forces qui sont actuellement conflictuelles et qui paralysent ses dernières chances de salut. Quant à la vie proprement religieuse des Français, elle n'en serait que plus assainie, purifiée de ses billevesées sécrétées par l'orgueil déçu d'une ancienne grande nation réduite au statut de puissance tout juste moyenne. Ce surnaturalisme, qui sévit de manière visible dans les folies des grandeurs théologico-politiques de la « judéomorphie » catholique, est peut-être la cause principale de la suspicion que nourrissent maints catholiques conciliaires mal informés à l'égard de la Tradition. Il est peut-être aussi la grande raison qui rend hermétiques au message chrétien les néo-païens ou les agnostiques qu'un discours rationnel non contaminé par ces amours surnaturalistes impures pourrait rendre sensibles à la beauté du catholicisme, lequel, loin de mépriser la nature, la mène au bout d'elle-même et la transfigure.

Il est peu douteux, cela dit, que la France soit chargée par la Providence d'une mission apostolique, ainsi d'un rôle dans l'économie du salut universel. Mais cela est vrai pour toutes les nations catholiques, et n'est nullement solidaire de l'idée d'« élection ». Si la chose est — puisque d'aucuns y tiennent — plus accusée pour la France, c'est parce que cette vérité qu'est la vocation apostolique de toute nation chrétienne est peut-être plus visible dans son cas, du fait de ses qualités et de sa vocation *naturelles* liées à son sens de l'universel, à ses prédispositions pour le sens de la mesure, de l'exactitude et de la rationalité en général : le Français n'est indépassable en aucun domaine, mais ce qu'il a en propre est d'atteindre un niveau très honorable en tout, au lieu que les autres nations peuvent exceller en certains domaines et se révéler fort médiocres en d'autres ; et c'est cette disposition qui habilite l'esprit français, en quelque sorte « généraliste » et par là équilibré, à développer un pouvoir de bien juger en toute chose, fondé sur un sens aigu du réel ; et parce que le réalisme n'est pas l'empirisme (qui réduit l'être à l'apparaître et le bien à l'utile), le réalisme de l'esprit français est pétri d'idéalisme (le cœur du réel est idée) qui, toujours, fait lever, tel un levain spirituel, la pâte des mœurs françaises au nom d'idéaux moraux qui empêchent notre nation de se réduire à sa chair, à l'inconscient des habitudes et aux déterminismes physiques ; cet idéalisme, dévoyé comme il le fut de fait, produit ce qu'il y a de pire mais, potentiellement, il demeure le moteur de l'avènement de ce qu'il pourrait y avoir de meilleur. Il est aussi permis de discerner, dans les conditions de genèse de la France, une vocation, par simple position historique contingente dans l'enchevêtrement des événements qui l'ont vue naître, à se faire le soutien de l'Église quand elle est menacée dans sa liberté par des puissances séculières abusant de leur autorité. Mais ce qui est contingent ne relève pas de l'essence, et ce qui est extérieur à l'essence est révocable. Rappelons sans plaisir que la France fut absente de Lépante (1571), du Kahlenberg (1683) et de Mohács (1687), et qu'elle appuya au contraire presque systématiquement les prétentions du Turc ; qu'elle s'opposa aux intentions du Bienheureux Innocent XI d'unir la Chrétienté en réconciliant France et Saint-Empire sous l'égide débonnaire de ce dernier, et que neuf rois français (plus Napoléon) furent excommuniés ; dès sa fondation, la France se posa en s'opposant à l'Empire : Charles de Basse-Lorraine, carolingien légitime supplanté par Hugues Capet, était vassal de l'Empereur. Il nous semble que, s'il fallait que la France s'opposât à l'Empire aussi longtemps que la papauté n'avait pas acquis son indépendance souveraine, cette noble mission devait s'achever au terme de ce processus ecclésial d'émancipation. Et si l'on tient absolument à établir — tant il est difficile à certains de séparer la notion de mission de celle d'élection — un parallèle entre la France et le peuple juif, nous observerons ceci, qui révèle la vérité captive de ce fruit vénéneux du subjectivisme sentimental exprimé dans le mythe de la « France peuple élu du Nouveau Testament » :

Les Juifs avaient pour mission, élus à cette fin, de préfigurer l'Église et de préparer l'avènement du Christ. Ils avaient vocation à s'achever avec leur mission consommée, mourant à eux-mêmes en tant que juifs, pour faire naître l'unique et définitive race élue qu'est l'Église catholique, apostolique et romaine. Ils ont préféré, plutôt qu'à se subordonner à leur mission pour la gloire de Dieu, faire de leur élection l'instrument de leur gloire, ce qui les fit trahir leur mission. Dans un processus analogue la France, en tant que née d'un refus circonstanciel du Saint-Empire tel qu'il était (infidèle à sa vocation puisqu'il prétendait dominer le pape) — par là née dans les circonstances d'un refus ponctuel et accidentel de cet opérateur du bien commun de l'Europe et de la chrétienté qu'est le Saint-Empire —, avait vocation à s'achever avec sa mission consommée, faisant mourir son refus momentané du bien commun de la Chrétienté, pour faire advenir la liberté souveraine du Saint-Siège et son émancipation de la férule de César. La France a préféré, plutôt qu'à se subordonner à sa mission pour la gloire de l'Église, faire de sa mission le prétexte à chercher sa propre gloire en dénaturant sa vocation, c'est-à-dire en aspirant à se substituer au Saint-Empire, et à s'y substituer non pour faire cesser mais pour reproduire, en les durcissant, ses abus d'autorité à l'égard de l'Église. La conséquence de cette trahison de sa vocation est tout simplement la Révolution française, produit de l'esprit d'insurrection fermenté dans les rangs de la Réforme protestante, individualiste et libérale, mais aussi du jansénisme pétri d'esprit gallican. Les Juifs obstinés dans leur refus du Christ entendent toujours faire le bonheur du genre humain, par la promotion du mondialisme ; les Français obstinés dans leur refus du Saint-Empire ont prétendu faire le bonheur du genre humain en s'intronisant, par la Révolution française, tête pensante et conscience de soi de l'avènement de l'universalisme des Droits de l'Homme, lui-même gravide de mondialisme. S'opposer aux prétentions de l'Empire à se subordonner l'Église ne devait pas se convertir en opposition au principe même de l'Empire. De même, se séparer du genre humain et former une nation théologique faiseuse de discorde dans tous les peuples où le judaïsme essaima ne devait pas, dans le peuple juif, se durcir et se pérenniser, mais appelait que cette nation artificielle (œuvre de l'art divin) se fondît, sa mission accomplie, dans les peuples dotés d'une identité naturelle réelle (celle des juifs n'était que surnaturelle, procédant proleptiquement de l'Eglise).

La conviction d'être l'objet d'une élection divine « spéciale » induit, dans le peuple qu'elle afflige en le flattant, une espèce de quiétisme providentialiste disposant à la passivité : « puisque l'on est dans les mains de la Providence qui se charge de tout en se jouant des talents naturels, attendons le coup de tonnerre d'une intervention miraculeuse qui sera comme une répétition du « miracle » de Tolbiac » <narré par Grégoire de Tours — tenu pour un historien très peu fiable — au livre II de son *Histoire des Francs*>. Et cette passivité mêlée de présomption dispense ceux qui y succombent de procéder à une révision critique de leur propre héritage intellectuel, par là leur interdit de progresser spéculativement en matière de doctrine politique, et pratiquement en matière de politique et d'épanouissement culturel et spirituel. Quand ce providentialisme se conjugue à une « apparitionnite » aiguë doublée d'un « conspirationnisme » systématique, on obtient les conditions psychologiques idéales pour être balayé par l'Histoire, sombrant dans la honte et le ridicule, parce que l'on en vient, ce faisant, à se faire une représentation complètement faussée du réel, d'autrui et de soi-même, en particulier en oubliant que la force des méchants n'est que la faiblesse des bons. Les conspirations et manœuvres sournoises des sectes judéo-maçonniques n'enveniment la réalité sociale que parce qu'elle est déjà malade, gangrenée par ses propres vices. C'est l'attachement à ce ramassis de pieux et poussiéreux mensonges incapacitants qui bloque l'intelligence de ceux qu'ils impressionnent et les contraint de se tourner vers le passé dit « apogée de la chrétienté », de s'y réfugier comme le fait cette jeunesse dans ses jeux vidéo la plongeant dans le virtuel d'un Moyen Âge hollywoodien. C'est cette fixation affective morbide qui enjoint aux intelligences frelatées de s'attacher à un tel passé comme à un idéal intemporel, ainsi de méconnaître tout ce qu'il pouvait y avoir d'inachevé en lui. Un tel inachèvement appelait objectivement l'avènement d'une modernité qui eût pu réussir si les opposants à la vague subversive avaient été moins abrutis par et moins congelés dans ce merveilleux de mauvais aloi, ce légendaire qui entend se faire passer pour de l'historique, ce sentimental qui prétend être la voix du surnaturel.

Refuser la portée ontologique de la dialectique (dont le mouvement se dit du réel comme de la pensée), c'est se mettre en situation de ne pas comprendre que le christianisme est l'« Aufhebung » du judaïsme ; refuser la pertinence du raisonnement dialectique, c'est méconnaître que la France historiquement constituée et intégrée au bien commun de l'Europe impériale est l'« Aufhebung » de cette France née en régime d'opposition à l'Empire. Il n'est donc pas étonnant que les soutiens passionnels de l'idée fausse de « France peuple élu » soient en même temps les partisans acharnés et suicidaires de la thèse controuvée d'une pérennité de l'élection des Juifs après la déchirure du voile du Temple.

TABLE DES MATIERES

CHAPITRE I

LE MERVEILLEUX CHRETIEN S'EMPARE DU DRAPEAU. 7

CHAPITRE II

MISSION DIVINE DE LA NATION 21

CHAPITRE III

LE PROPHETISME ANTI-BOCHE. 39

TABLE DES MATIERES 51

©juillet 2023 Éditions Chrysalide
ISBN : 978-2-487104-01-3